BIBI VAPLAN

UND DIE FARBEN DER WORTE

E LAS CULURS DALS PLEDS

ZYTGLOGGE VERLAG

TEXTBEARBEITUNG & ÜBERSETZUNG Silke Schmeing, Bettina Vital
LEKTORAT Angelia Schwaller
GESTALTUNG Silvio Ketterer, Mena Schnider
GESETZT AUS GT Haptik, GT Sectra
DRUCK Schwabe AG, Druckerei, Muttenz/Basel

PRINTED IN SWITZERLAND
ISBN 978-3-7296-0929-7

WWW.ZYTGLOGGE.CH

CO
LI
BRI

KO LI BRI

Là giosom
illa plü gronda sosa as zoppa
ün s-chazi.

**Im tiefsten Schlamm
verbirgt sich
ein Schatz.**

Cun üna foura aint ils stinvs
s'haja fraid ils peis
e scha quel visavi
tschübla üna melodia
faja bain da dudir.

Mit einem Loch in der Socke
hat man kalte Füsse
und zu hören wie dir gegenüber
jemand eine Melodie summt
tut gut.

Eu n'ha suvent inglur
fleccas blauas.

Il bler nu saja dingionder.
Ma eu sa, ch'eu m'inchambuor
adüna darcheu.

Ich habe oft irgendwo
blaue Flecken.

Meistens weiss ich nicht woher.
Aber ich weiss, immer wieder
stosse ich irgendwo an.

charezza
meis corp
scha tü hast gust

o glischa mia masella
per verer che cha meis
ögls quintan
sainza pleds

scha tü voust
poust eir star
pro mai üna pezza
e tadlar il battacour dal silenzi

o teis
o meis
o dombrar co cha'l temp passa
aint in mia bratscha

scha tü hast gust
poust ir cul daint
sur meis lefs via
e dar ün suspür
profuond
perquai chi nu dà nüglia da far
e listess
es tuot pussibel

ma meis char
be scha tü voust
inschinà poust eir
leger ün cudesch

**berühre
meinen Körper
wenn du magst**

**oder streichle meine Wange
nur um zu sehen was meine
Augen erzählen
so ohne Worte**

**wenn du magst
kannst du auch ein wenig
bei mir bleiben
und dem Herzschlag der Stille zuhören**

**oder deinem
oder meinem
oder zählen wie die Zeit vergeht
in meinen Armen**

**wenn du magst
kannst du auch
mit einem Finger
über meine Lippen fahren
und tief
seufzen
da es nichts zu tun gibt
und doch
alles möglich ist**

**aber mein Liebster
nur wenn du magst
sonst kannst du auch
ein Buch lesen**

I sun ils pleds chi'ns separan
e'ls cunfins chi'ns fan sentir sulets.

Quai am fa gnir ün pa trista
ed eu am dumond,
scha sün tschêl as poja
ir culs pattins.

Es sind die Worte, die uns trennen
und die Grenzen, die uns einsam machen.

Das macht mich etwas traurig
und ich frage mich,
ob man im Himmel
Schlittschuh laufen darf.

Heute habe ich meine Schuhe poliert. Das war wirklich schön.

LA POESIA DA MI'ORMA

Eu dombr robas
sco
strichs

o robas sco dis ed eivnas

dombrar
autos e velos
(be ils cotschens)

lura vegna suot aua
e prouv da trar il flà
perquai ch'eu sa
cha quai sto esser pussibel

DIE POESIE MEINER SEELE

Ich zähle Sachen
wie
Striche

oder Sachen wie Tage und Wochen

zählen
Autos und Fahrräder
(nur die roten)

dann gehe ich unter Wasser
und versuche zu atmen
weil ich weiss
irgendwie muss das möglich sein

ZU VERKAUFEN!

Eine andere Sichtweise

DA VENDER!

Ün oter punct da vista

Per meis anniversari am giaüvscha cha tuot ils automobilists van in viadi cun avert il vierchelin da tancar.

PS: 17. Mai

Zu meinem Geburtstag wünsche ich mir, dass alle Autofahrer mit offenem Tankdeckel herumfahren.

Eu vegn per la bos-cha a tscherchar
Ün hom per maridar

Ich gehe die Bäume hoch
Um einen Mann zum Heiraten zu finden

Cur cha tuot es miss a lö
l'altschiva lavada
las unglas tagliadas
ils e-mails respus

am dumonda: Ed uossa?

Cur cha'l fuond es fat cul tschütsch
il marus branclà
il fuorn impli
ed il di bütschà

vegna trista
e'm dumond: Ed uossa?

Il uossa es vöd. Il uossa es meis.
Quel uossa quiet. Quel uossa monstrus.
Quel uossa sainza pardun. La realità

**Wenn alles an seinem Platz ist
die Wäsche gewaschen
die Nägel geschnitten
die E-Mails beantwortet**

frage ich mich: Und jetzt?

**Wenn der Boden geputzt ist
der Liebste umarmt
der Backofen gefüllt
und der Tag geküsst**

**werde ich traurig
und frage mich: Und jetzt?**

**Das Jetzt ist leer. Das Jetzt ist meins.
Das stille Jetzt. Das monströse Jetzt.
Das gnadenlose Jetzt. Die Wirklichkeit**

Hoz vaina giovà cun las föglias chi guardan oura sco alas, quellas chi fan propellers schi's tillas lascha crodar. Hoz vaina ramassà üna pruna da quellas, tü ed eu, ed eschan its sülla punt e tillas vain laschà svolar. E quel mumaint avant co tillas laschar ir, guarda via pro tai e dun üna risadina e meis ögls glüschan ed eu vez sco ch'üna pruna propellerins implischan quist mumaint cun furtüna.
Ed eu sun grata, cha tü est dastrusch.

Heute haben wir mit den Blättern gespielt, mit denen, die aussehen wie Flügel und die sich in Propeller verwandeln, wenn man sie fallen lässt. Heute haben wir haufenweise davon gesammelt, du und ich, und sind auf die Brücke gegangen und haben sie alle miteinander fliegen lassen. Und im Moment des Loslassens schaue ich dich an und lächle und meine Augen leuchten und ich sehe tausend winzige Propeller diesen Moment mit Glück erfüllen. Und ich bin froh, dass du da bist.

Ich führe tagein, tagaus Selbstgespräche. Na und?

Eu n'ha jent a tai
Be scha tü nun hast
Ingüns problems

Ed amo plü jent n'haja a tai
Scha tü baivast e riast
E ballast

Eu n'ha jent a tai
Be scha tü fast
Ed est uschè sco chi tocca

Lura
Pür lura
Cur cha tias unglas da plastic
Glüschan in duos culurs
E teis nas
Nun es plü tort
N'haja sinceramaing jent a tai

Ich mag dich
Nur wenn du
Keine Probleme hast

Und noch mehr mag ich dich
Wenn du trinkst und lachst
Und tanzt

Ich mag dich
Nur wenn du so tust
Und so bist wie es sich gehört

Dann
Erst dann
Wenn deine Plastiknägel
In zwei Farben leuchten
Und deine Nase
Nicht mehr krumm ist
Mag ich dich wahrhaftig

Avant es passà speravia ün bös-ch
cun sü flurinas gelguas ed üna pruna naiv.
Quellas varan ter fraid, che?

Vorhin ist ein Baum vorbeigezogen.
Mit gelben Blüten und viel Schnee darauf.
Die werden ganz schön frieren, was?

Hoz suna statta in chadafö süllla
pultruna e n'ha puli mias s-charpas.
Che bel cha quai d'eira, ma che bel.

Heute sass ich in der Küche auf dem kleinen Sessel und habe meine Schuhe poliert. Das war schön, schön, wirklich schön.

SI
LEN
ZI

ST
IL
LE

Fanestra
Quattordesch föglias
Vöglia da crodar

Fenster
Vierzehn Blätter
Lust zu fallen

I dà quel mumaint tanter durmir e sdruogliar, chi dà da stübgiar:
Che di esa, chi sun eu e perche n'haja da star sü?

Minchatant vegna svelt darcheu adimmaint. Cun plaschair, cun dolur, o magari eir cun temma. Otras jadas vaja ün pa plü lönch. Ma dal tuot invlidà nun haja amo mai.

Per sgürezza scriva sün ün zettelin mincha saira ils puncts ils plü importants:
Lilli Andri, 26 ons, lavurar in 30 minuts, butia da fluors.

Sch'eu sun stuffa da meis minchadi, scriva sü eir otras robas:
Marianna Haller, 34 ons, hoz liber, capo da cumün e star da porno.
Ma sco dit: Dal tuot m'invlidada nun haja amo mai.

Zwischen Schlafen und Wachen liegt dieser wunderbar verwirrende Moment: Was ist heute für ein Tag und wieso muss ich aufstehen?

Manchmal erinnere ich mich sofort wieder. Mit Freude, mit Schmerz, gelegentlich mit Angst. Andere Male brauche ich etwas länger. Ganz vergessen habe ich es bis jetzt noch nie.

Für alle Fälle schreibe ich mir jeden Abend einen Zettel mit den wichtigsten Informationen: Lilli Andri, 26 Jahre alt, in 30 Minuten zur Arbeit gehen, Blumenladen.

Manchmal, wenn ich meinen Alltag satthabe, schreibe ich etwas anderes: Marianna Haller, 34 Jahre alt, heute frei, Gemeindepräsidentin und Pornostar. Aber wie gesagt: Ganz vergessen habe ich mich bis jetzt noch nie.

Es ist niemand da.
Ich rede trotzdem.

La not
aint in tschel pajais
vegnan ils spierts
e mettan
suotsura
mia brama.

Là nun es ingün.
Ma eu discuor listess.

**In der Nacht
in jenem Land
kommen die Geister
und bringen
meine Sehnsucht
durcheinander.**

Eu less esser
ün utscheïn

e chantar a bunura
bod plain amur
pel sulai chi s'alvainta

invezza
chanta
plain paschiun
e cumpaschiun

be debelin
per dudir a mai
per sentir chi dà daplü

Ich möchte
ein kleiner Vogel sein

in aller Frühe
voller Liebe
für den Sonnenaufgang singen

stattdessen
singe ich
voller Leidenschaft
vom Leiden

ganz leise
nur für mich
um zu spüren: es gibt mehr

FURMIAS

Inchün m'ha quintà
tschel di
chi detta mumaints
ingio cha'ls impissamaints
van sco furmias
a crusch ed a travers
e lur'es
il tscharvè
stüz

AMEISEN

**Kürzlich
hat mir jemand erzählt
dass es Momente gibt
in denen Gedanken
eilen wie Ameisen
rauf und runter und hin und her
und dann
ist das Gehirn
lahmgelegt**

I DISCHAN #1

Uschè esa
i va sü e giò
dischna

Quai es normal
quai vegn lura
schon darcheu bun
dischna

I dischan
riva ils ögls
e morda süls daints

Uschè es la vita
dischna

I nun es ingün wunschkonzert
o ponyhof
ma i sto ir
dischna – adüna inavant

Intant n'haja
dal morder be amo 21 daints
9 sura e 12 suot
ils daints fos nu dombran

SIE SAGEN #1

Das ist halt so
es geht auf und ab
sagen sie

Das ist normal
das wird schon
wieder gut
sagen sie

Sie sagen
mach die Augen auf
beiss die Zähne
zusammen

So ist das Leben
sagen sie

Es ist kein Wunschkonzert
oder Ponyhof
es muss gehen
sagen sie – immer weiter

Mittlerweile habe ich
vom Zusammenbeissen noch 21 Zähne
9 oben und 12 unten
die falschen Zähne zählen nicht

Tschel di es mort ün duonna
pervi dad üna servula.

Letztens ist eine Frau gestorben wegen einer Cervelat.

I DISCHAN #2

Na esser trista
dischna
daman splendura
darcheu il sulai

SIE SAGEN #2

Sei nicht traurig
sagen sie
morgen scheint
wieder die Sonne

***Ich hätte gerne
noch einen Expresso.***

WIE MEIN FREUND MIR SINGEND AUTOS ERKLÄRT

Ich bin ein aufgeblasenes Auto
aus Plastik, doch wäre ich so gerne aus
Metall.

Ich bin ein aufgeblasenes Auto,
wäre lieber ein Offroader.

Stattdessen gehe ich immer nur
Gemüse einkaufen in der Stadt.

HALLO

Es quai tuot?
O vain amo daplü?

HALLO

Ist das alles?
Oder kommt noch mehr?

Chi voul fingià viver in libertà
scha la parschun es plü dastrusch?

Wer will schon in Freiheit leben
wenn das Gefängnis so nahe liegt?

Ich bilde mir ein
Dass ich dich vermisse
Weil ich etwas vermisse

Das kein Gesicht hat
Keinen Namen hat

Zu vermissen
Ist einfacher
Als zu suchen

So bilde ich mir ein
Dass ich gerne bei dir bin
Und du wirst zu meinem
Gesicht

Mia sumbriva
nun es plü s-chüra co tia.
Ma ella porta ün secret,
ch'eu prouv da traguonder
o spüdar.
Perchüra mia sumbriva,
chi nun es plü s-chüra co tia.

Quel di,
ch'eu sun rivada a la riva dal mar,
savaiva quant cha meis cour es bun da portar.
I'm vegn adimmaint,
cun verer tia sumbriva,
chi nun es plü s-chüra co mia.

Sch'eu chant, chanta cun tai.
Mia gronda pitschna furtüna.
Meis pitschen grond secret.

Mein Schatten
ist nicht dunkler als deiner.
Aber er trägt ein Geheimnis,
das ich zu schlucken
versuche oder zu spucken.
Beschütze meinen Schatten,
der nicht dunkler ist als deiner.

An jenem Tag,
als ich das Meer erreichte,
wusste ich, wie viel mein Herz zu tragen vermag.
Ich erinnere mich,
während ich deinen Schatten sehe,
der nicht dunkler ist als meiner.

Wenn ich singe, singe ich mit dir.
Mein grosses kleines Glück.
Mein kleines grosses Geheimnis.

Il spiert da chasa
balla cun mias chanzuns.

Der Hausgeist
tanzt zu meinen Liedern.

COT
SCH
EN

ROT

30 CENTIMETERS PLÜ INSÜ

Inant cha tuot il viv
Balla intuorn tai
Nun est tü là
Tü mütschast
30 cm
plü insü
davent

30 ZENTIMETER HÖHER

Das Leben tanzt
Um dich herum
Doch du bist nicht da
Bist geflüchtet
30 Zentimeter
höher
weg

***Sonntagsweisheit:
Es gibt nicht nur Ameisen
im Kopf. Sondern auch Salat.***

Ich bin keine Musikerin.
Ich bin keine Sängerin.
Ich bin keine Lady.

Ich bin ein Kämpfer
mit gebrochenem Herzen,
der Blumen im Winter pflückt.

74

Da stand ich also im kleinen Dorfladen und sah die Flaschen an, als wären sie etwas Liebenswertes, das man sanft anlächelt, und stellte mir vor, eine davon mitzunehmen. Ich weiss nicht, wie lange ich so dastand. Ich glaube so lange, bis ich alle einzeln begrüsst und wieder verabschiedet hatte. Danach zahlte ich meine Süssigkeiten und ging weiterarbeiten.

Aint il paradis
es l'aua blaua
e'l sulai splendura.

Im Paradies
ist das Wasser blau
und die Sonne scheint.

Es war einmal
ein kleiner schwarzer Pudel.
Er brachte mich
zum Lachen.
Jetzt ist er weg.

Che bel hom meis hom
o nun es quai meis hom e che fa'l
ch'el es vi dal girar meis hom

Was für ein schöner Mann mein Mann
oder ist das nicht mein Mann und was macht er
dass er am Trudeln ist mein Mann

Staila stailina
Co poust be dubitar?
Co poust be dumandar?

Staila stailina
Less tour oura teis cour
e metter vi da mi'uraglia
per tadlar, congualar, savair, verer
quant greiv ch'el es.

Stern o Sternlein
Wie kannst du nur zweifeln?
Wie kannst du nur fragen?

Stern o Sternlein
Möchte dein Herz herausnehmen
es an mein Ohr legen
um zu hören, sehen, wägen, wissen
wie schwer es ist.

84 *Ich bin ein nüchterner Mensch. Sagte er und schlürfte seinen Tee.*

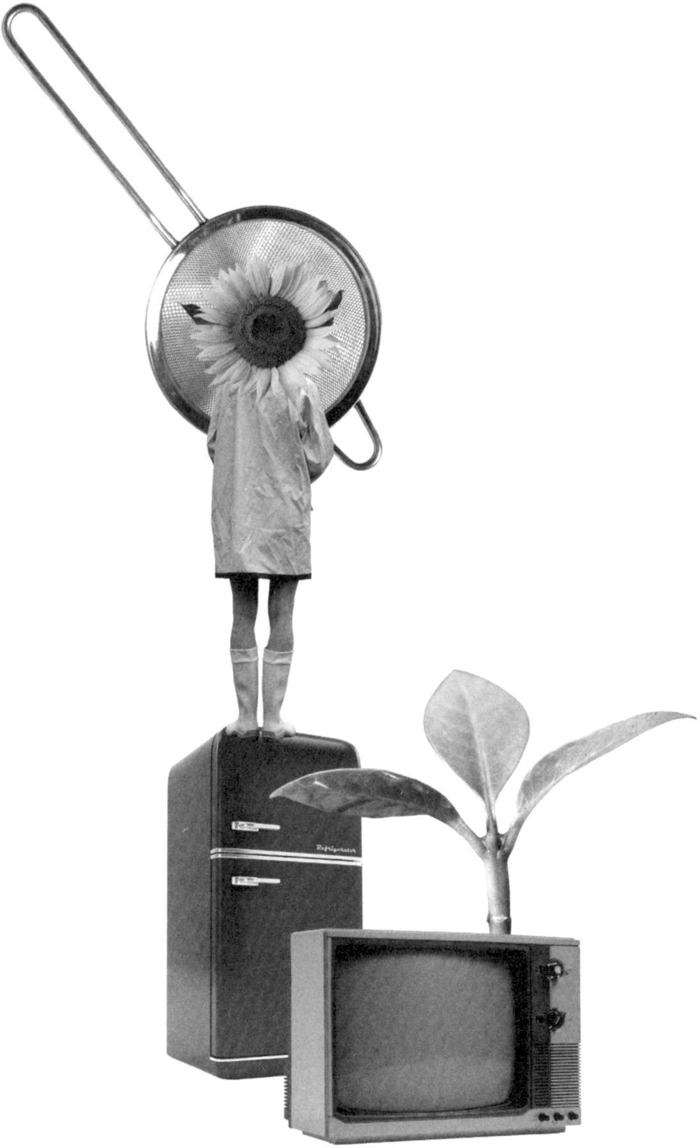
Refrigerator

La glüna as pozza
sco üna barcha sün l'orizont
Il schofför da taxi
chanta cun mai üna chanzun
Las muntognas ardan
quia

Der Mond stützt sich
wie ein Boot auf den Horizont
Der Taxichauffeur
singt mit mir ein Lied
Die Berge brennen
hier

RICHEZZA

Ir a kino es flot
Là as poja baiver
La coca cola
Our da la bavroula

REICHTUM

Hozindi nun est plü sgür ninglur.

Na aint in banca,
na aint il cafè,
na aint il restorant,
na aint il bus,
na aint il Coop,
ninglur.

Dapertuot vegna oura musica inglur.

Heutzutage ist man nirgends mehr sicher.

**Nicht in der Bank,
nicht im Café,
nicht im Restaurant,
nicht im Bus,
nicht im Coop,
nirgends.**

Überall kommt irgendwo Musik raus.

Ich dachte immer, Batman sei der einzige Superheld ohne Superkräfte. Doch dann kam Ironman. Jetzt ist er mein Lieblingsheld. Hat irgendwie ein besseres Selbstvertrauen.

LA
GLÜ
NA

DER MOND

L'UNICA FLUOR

Scha tü pretendast
amo üna jada da savair
at schlaffuna
ün puogn plain siblun
da meis desert in tia fatscha.

Tascha quia sun eu
l'unica dretta raïna
cugnuosch mincha gran da siblun
tils n'ha dombrats ons ed ons.

Tü nun hast
ingün'idea.

Quist es meis reginom.
Quia sun eu l'unica fluor.

DIE EINZIGE BLUME

Wenn du noch einmal
behauptest zu wissen
schmeiss ich dir
eine Handvoll Sand
meiner Wüste ins Gesicht.

Schweig hier bin ich
die einzig wahre Königin
kenne jedes Sandkorn
habe sie jahrelang gezählt.

Du hast
keine Ahnung.

Dies ist mein Reich.
Hier bin ich die einzige Blume.

3
I love
my mailbox.

4
Il postin es meis profet.

La lindorna fa seis viadis, intant ch'eu stübg che
chi'd es da far lündeschdi bunura e venderdi las
quatter e marcurdi davomezdi e cur chi'd es da pulir.

La lindorna fa seis viadis, magari suot la bella plövgia,
intant ch'eu stübg inavant che trar aint e scha quai
va e chi chi vaiva dit cura che. E che fast tü intant?

Die Schnecke geht ihre Wege, während ich überlege, was
ich am Montag machen muss, morgens, und freitags um
vier und Mittwochnachmittag, und wann ich putzen sollte.

Die Schnecke geht ihre Wege, vielleicht unter dem schönen Regen,
während ich weiter überlege, was anzuziehen und ob das
geht und wer wann was gesagt hat. Und was machst du so?

DUO-PAC

Eu sun visavi a duos jadas ün duo-pac.
Duo-pac nr. 1 quinta co ch'el es vi da trenar a far bunas pizzas.
Duo-pac nr. 2 che ch'el ha mangià in ün restorant a Rio.
Il duo-pac da las pizzas quinta da quai e da tschai e da las turas da velo.
Tschel duo-pac es sblachischem. Eu tasch.
Daspö 1009 dis nu suna plü ün duo-pac.

DUO-PACK

Ich sitze einem doppelten Duo-Pack gegenüber.
Duo-Pack Nr. 1 erzählt, dass es sich gerade im Pizzabacken übt.
Duo-Pack Nr. 2 von seinem Essen in einem Restaurant in Rio.
Das Pizza-Duo-Pack spricht von diesem und jenem und von Velotouren.
Das andere Duo-Pack ist bleichgesichtig. Ich schweige.
Seit 1009 Tagen bin ich kein Duo-Pack mehr.

Ün grond pitschen ego
Là sü a dretta aint il chantun
Es adüna vi da planisar e torturar
E chanta tralalalala

Ein grosses kleines Ego
Dort oben rechts in der Ecke
Ist immer am Planen und Foltern
Und singt dazu tralalalala

 # 1

Am meisten freue ich mich
auf meinen Briefkasten. Immer.
Wenn ich nur daran denke,
werde ich kribbelig.
Wenn ich ganz ehrlich bin,
freue ich mich
am meisten darauf.

108

 # 2
Ich könnte nie ohne
Briefkasten leben.
Jeden Tag kann ich aufs
Neue hoffen,
darin etwas Grosses
zu finden.

109

I nu dà nüglia plü bel
co quel di chi plouva

Quai possa dir adüna darcheu
ed adüna darcheu
chantar
e lovar tuns
tanter ils guottins

Cur chi plouva
suna intera
Cur chi plouva
nu daja nügli'oter co

Pasch
e'l schuschurar da la
frais-chera

Es gibt nichts Schöneres
als Regentage

Das kann ich immer wieder sagen
und immer wieder
singen
und Töne
zwischen die Tropfen legen

An Regentagen
bin ich ganz
An Regentagen
gibt es nichts als

Frieden
und das Geräusch des
Kühlschranks

Nu sa che ch'eu pens
Nüglia nu pensa

Guard be gualiv oura
Aint per la televisiun
Là esa roba e culurs chi's mouvan

Nüglia nu pensa
Less sfuondrar aint illa terra e na plü esser

Che manca dist
Nüglia nu manca.

Weiss nicht was ich denke
Nichts denke ich

Starre nur stumpf
In die Röhre
Da drin sind Dinge und Farben die sich bewegen

Nichts denke ich
Will in die Erde versinken und nicht mehr sein

Was fehlt dir fragst du
Nichts fehlt mir.

In duos esa plü flot crajast

Eu sun plü jent
là
tanter
las
stailas
stailinas
e la musica

Là suna cun tuots ed ingün

Zu zweit ist es schöner denkst du

Ich bin lieber
dort
zwischen
den
Sternen
Sternchen
und der Musik

Dort bin ich mit allen und niemandem

Quel bös-ch
quinta a mai istorgias
our da la profuondità

Eu sa
davo'l vöd
es tuot
là es meis pajais sonch

Pel bös-ch
es mia chanzun

Dieser Baum
erzählt mir Geschichten
aus der Tiefe

Ich weiss
hinter der Leere
ist alles
dort ist mein heiliges Land

Für den Baum
singe ich mein Lied

Der Moment und ich
spielen Gedankentennis.

Üna matta balla
intuorn ün grond parisol da sulai

Id es chod
bler massa chod

Eu dombr
ils sains a batter

Id es
bler massa tard

Sains

Eu dod las vuschs
da quels suot il parisol
sco tras ün filter da tschigulatta
e pigl ün pomfrit

Ein Mädchen tanzt
um einen grossen Sonnenschirm

Es ist heiss
viel zu heiss

Ich zähle
die Glockenschläge

Bemerke
es ist viel zu spät

Glockenschläge

Ich höre die Stimmen
von den Leuten unter dem Sonnenschirm
wie durch einen Schokoladenfilter
und nehme ein Pomme frite

Eu sfend laina
infin chi'd es pronta
la tschaina.
www.vimeo.com/47161702

Eu stübg
Però

I nu
Dà
Ingün
Lö per
Ir

Ich überlege
Aber

Es
Gibt
Keinen Ort
An den ich gehen
Könnte

Eu chamin a la riva
cun duos craps in mincha man

Chamin
plain pasch
adüna plü dalöntsch

Eu sa
ch'in pac mumaint
riva al böt

Cun duos craps in mincha man
brancla il muond

Surriond
invlida meis nom

In jeder Hand zwei Steine
laufe ich am Ufer entlang

Laufe
voller Frieden
immer weiter weg

Ich weiss
in wenigen Momenten
bin ich am Ziel

In jeder Hand zwei Steine
kann ich dann die Welt umarmen

Mit einem Lächeln
vergesse ich meinen Namen

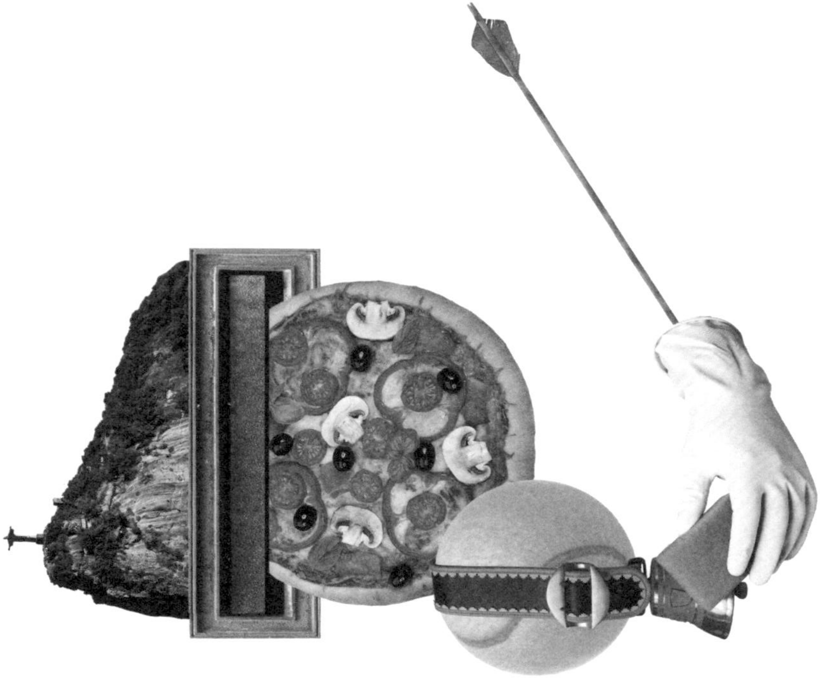

Per mincha robina
Daja ün sach da plastic

E per mincha sach da plastic
Amo ün oter

Für alles gibt es
Eine Plastiktüte

Und für jede Plastiktüte
Noch eine

26 Grad

Der Pool hat 26 Grad.
Heute liegen darin viele tote.
Fliegen.

GRAZCHA FICH PEL SUSTEGN
HERZLICHEN DANK FÜR DIE UNTERSTÜTZUNG

SWISSLOS
PROMOZIUN DA LA CULTURA
CHANTUN GRISCHUN

CEE CORPORAZIUN ENERGIA ENGIADINA

GiuRu

RAIFFEISEN

Lia Rumantscha

Banca Chantunala Grischuna

QUARTA LINGUA

Gemeinde Scuol

Stiftung Stavros S. Niarchos

Willi Muntwyler Stiftung

Gemeinde Vaz/Obervaz